Paddington Bär

von Michael Bond

Spiel mit Farben

Illustriert von John Lobban

Delphin Verlag

Die englische Originalausgabe erschien 1991 unter dem Titel "Paddington's Colours" im Verlag
Harper Collins Publishers Ltd., London

Deutsch von Heike Rahm
Gesamtherstellung Delphin Verlag GmbH
ISBN 3-7735-5567-9

Einmal im Jahr macht Paddington Frühjahrsputz.

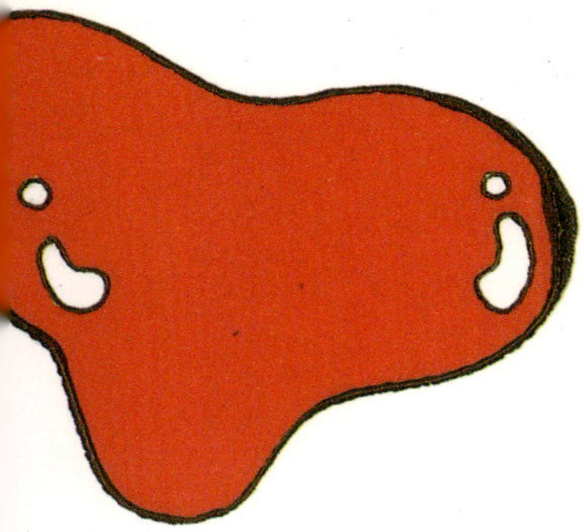

rot

weiß

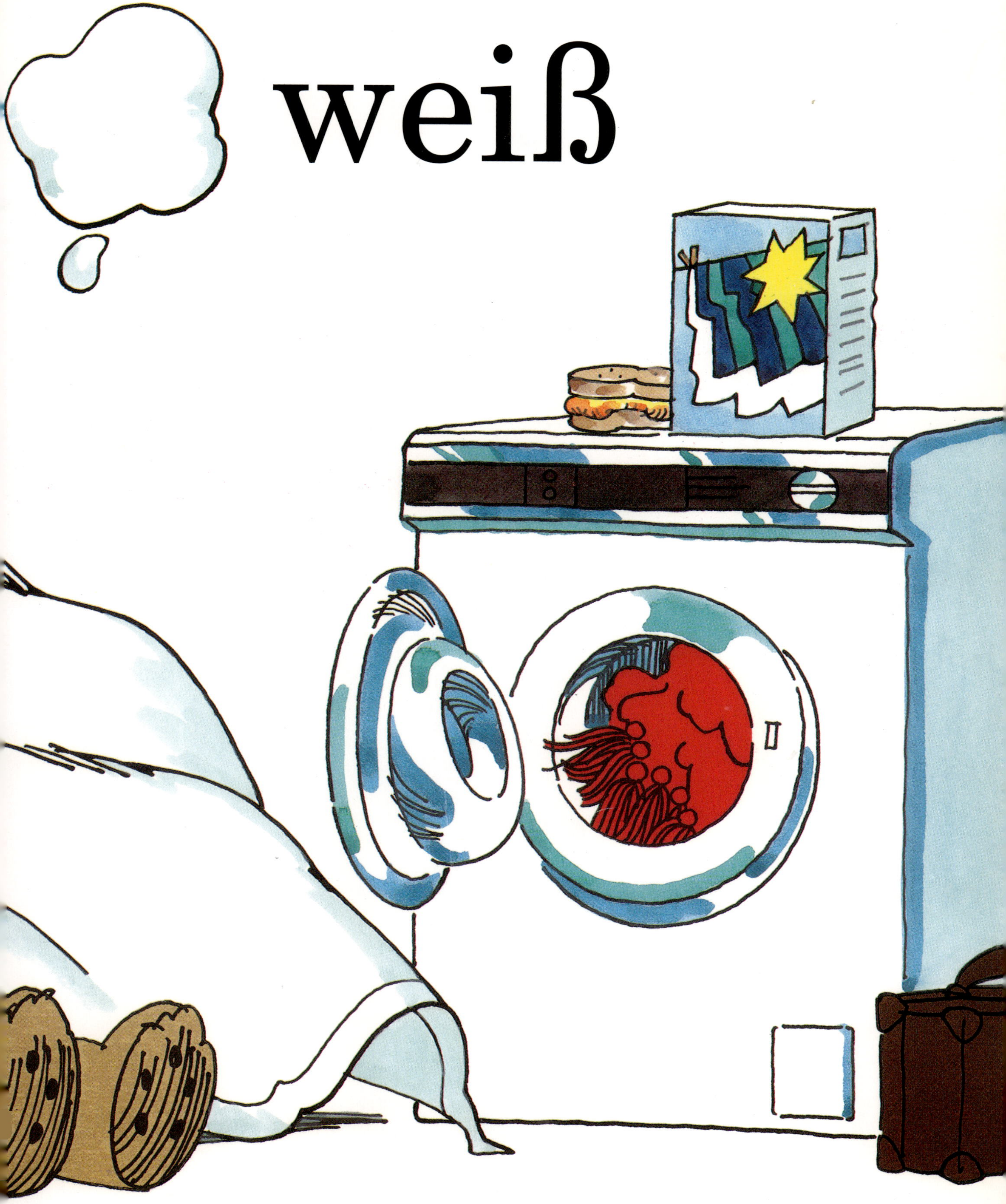

O nein!

rosa

grau

schwarz

braun

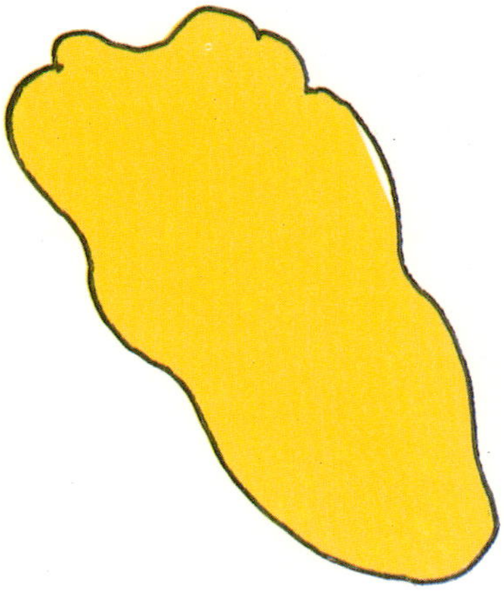

gelb

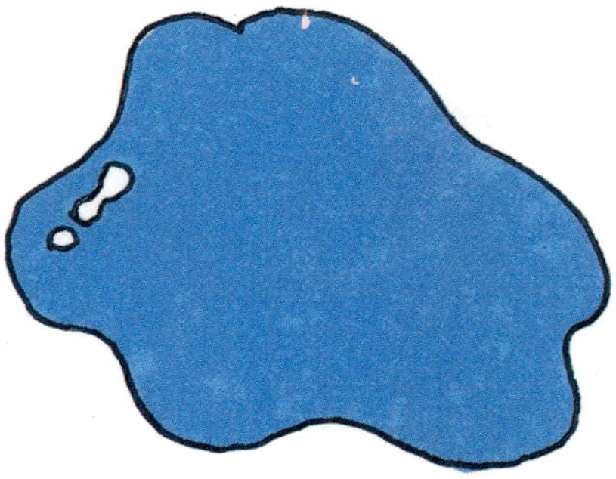

blau

grün

orange

violett

Wie heißen diese Farben?

Was passiert, wenn du diese Farben mischst?

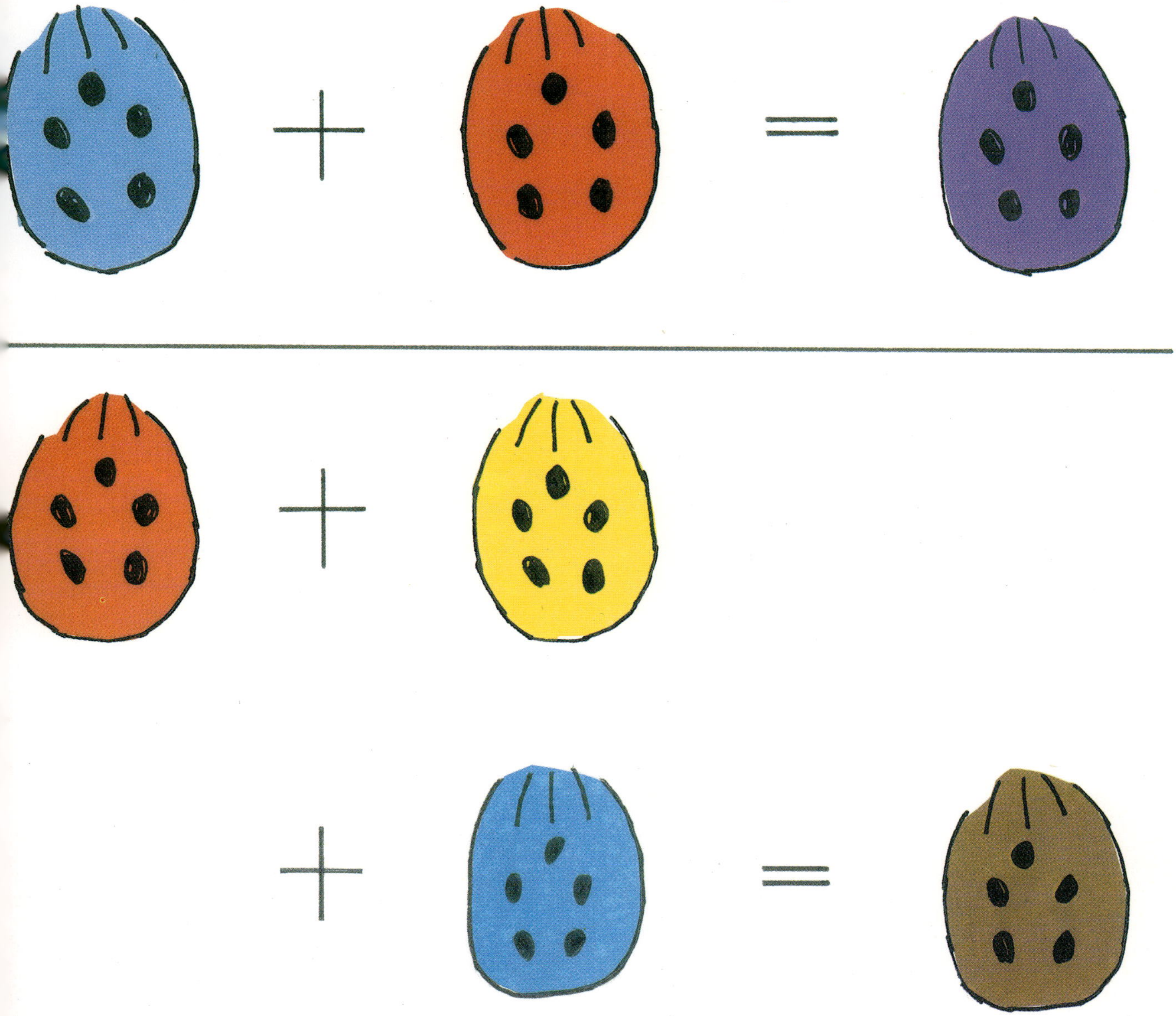

ie viele
arben hat
er Regenbo-
gen? Wie
heißen sie?

Die Farben des Regenbogens in der Reihenfolge:

rot
orange
gelb
grün
blau
indigo
violett